NOTICE BIOGRAPHIQUE

SUR

FRANÇOIS LARNAC.

NOTICE BIOGRAPHIQUE

SUR

François Larnac,

HOMME DE LETTRES,

PAR

Emile Larnac, son Fils,

CONSEILLER A LA COUR ROYALE DE NISMES.

NISMES.

IMPRIMERIE BALLIVET ET FABRE,

RUE DE L'HÔTEL-DE-VILLE, 11.

—

1841.

NOTICE BIOGRAPHIQUE

SUR

François LARNAC,

HOMME DE LETTRES,

PAR

Emile Larnac, son Fils,

CONSEILLER A LA COUR ROYALE DE NISMES.

28 Avril 1841.

RAPPELER à mes Concitoyens et tirer de l'oubli les titres de mon père à la considération publique, est un besoin impérieux que j'éprouve depuis que la mort a fermé ses yeux. J'ai à cœur de rendre à sa mémoire l'hommage qu'il avait mérité durant sa vie, et de solliciter pour elle une réparation d'autant plus légitime, que des qualités morales peu communes s'unissaient en lui à tous les dons de l'intelligence. Arrêté dans la carrière des lettres par des causes que j'aurai soin de révéler, et voué à une obscurité volontaire pendant sa longue vieillesse, la génération actuelle le connaissait à peine ; mais au sein de cette autre génération dont il fut un des derniers représentans au milieu de nous, il avait vu s'ouvrir devant lui la perspective la plus brillante. Tous les esprits distingués que Nismes a produits vers la fin du XVIIIe siècle, les Rabaut-St-Etienne, les Boissy d'Anglas, les Pieyre, les Vincens St-Laurent, les Trelis, les Alexandre Vincens, ont cru à son avenir et applaudi avec chaleur aux premières inspirations de sa muse. Paris, lui-même, unit bientôt ses suffrages à ceux de sa ville natale, et ce qu'il renfermait de littérateurs éminens, sous le directoire, accueillit les prémices de son talent avec une faveur que ces juges d'élite n'accordent pas à la médiocrité. Tels furent les succès de sa jeunesse, et si, par la nature, l'étendue et l'importance de ses travaux, il n'a point réalisé, depuis, les espérances que ce début avait fait concevoir, il n'en est pas moins parmi les hommes de mérite que notre cité a vus naître, un de ceux de qui il est juste qu'elle retienne le nom..... Fussé-je dupe d'une illusion, et mon amour-propre de fils m'eût-il égaré lorsque j'ai conçu cette opinion de mon père, quel honnête homme ne me pardonnerait de grand cœur une pareille méprise, en faveur du principe d'où elle émane ?

Mais comment, par quels moyens et dans quelle mesure devais-je appeler, sur sa personne et ses écrits, l'attention et la justice du public ?

Former un recueil de ses meilleurs ouvrages et le livrer à l'impression, précédé d'une notice biographique, fut d'abord le plan que j'adoptai. A la vérité, me disais-je, il n'a pas toujours été heureux dans le choix des sujets, ni juste appréciateur du genre qu'il aurait dû embrasser de préférence ; la timide circonspection de son goût a parfois affaibli la force de sa pensée et l'intérêt de ses tableaux ; élève trop soumis de l'école voltairienne, il ne s'est pas créé une manière qui lui fût propre, alors que les allures natives de son esprit annonçaient surtout de l'indépendance et de l'originalité ; mais ses écrits révéleront du moins des qualités d'autant plus précieuses qu'elles deviennent chaque jour plus rares : correction, pureté et élégance des formes, sagesse et netteté des idées, régularité des plans, clarté irréprochable du style.

Ces considérations m'avaient séduit, et, sur-le-champ, je m'attachai au projet d'une publication, avec toute l'énergie que le sentiment de ma perte récente pouvait imprimer à une résolution de ce genre. Plus tard, les difficultés de l'entreprise que je ne m'étais d'ailleurs jamais dissimulées, se représentèrent à moi plus pressantes et plus graves. Parmi les obstacles de nature à en compromettre le succès, devais-je méconnaître, notamment, l'atteinte portée depuis quelques années, en France, à nos anciennes croyances littéraires? C'est peu que les chefs de la secte romantique aient à leur suite des partisans nombreux, ardens, fanatisés : grâce à l'humeur inquiète et aventureuse de notre époque, ils agissent aussi sur la masse des hommes éclairés, et il n'est pas jusqu'à leurs aberrations les plus révoltantes qui ne soient accueillies avec quelque indulgence. Ainsi, l'affectation de trivialité qui, dans les productions de certains d'entre eux, défigure le noble caractère de notre idiome; l'obscurité germanique substituée par leur influence à cette admirable limpidité du langage dont nos pères étaient si fiers; l'extravagance délirante de leurs conceptions dramatiques, outrage scandaleux au bon goût, aux convenances et à la morale même; en un mot, le mépris insensé des règles admises par les plus grands génies; tout ce déplorable désordre est en ce moment en crédit, et exerce sur la généralité des lecteurs la capricieuse tyrannie de la mode. *La* *raison finira* sans doute *par avoir raison ;* mais, il faut bien en convenir, le jour de son inévitable triomphe n'est pas encore arrivé. Or, tant que dure cette fascination, convient-il d'offrir à un public qu'elle captive les écrits d'un homme de lettres vieilli dans le culte exclusif de notre ancienne littérature? Ces écrits, reproduction fidèle du type classique, ne seront-ils pas outrageusement dédaignés? Ne les exposerai-je pas, du moins, en les livrant à la lumière, à une indifférence mille fois plus cruelle que l'obscurité d'où je voudrais les tirer? (*)

D'un autre côté, la presque totalité de ce que je me proposais d'imprimer l'a été à des époques antérieures, soit dans les Mémoires de l'Académie

(*) Les lignes qui précèdent sont le reflet des idées de mon père sur l'invasion de l'école romantique. Ces idées, je me les suis appropriées, mais c'est de lui que je les tiens, et sans l'appui que me prête son autorité, et la convenance de reproduire l'ardeur et la netteté de ses convictions à cet égard, j'aurais adouci l'expression de ma pensée sur un sujet aussi délicat. Quant à lui, classique inébranlable dans sa foi, son opposition aux novateurs se manifestait par les boutades les plus vives. Je ne peux résister au plaisir d'en citer ici une entre mille.

Il y a quatre ou cinq ans, un des partisans enthousiastes de la réforme littéraire, osa lui dire *que Racine était rococo.* A cette incartade, dont l'auteur avait le tort d'oublier que le beau dans les arts comme dans la nature est marqué d'un caractère indélébile, le bon vieillard ne se posséda plus. « Racine *rococo!* s'écria-t-il ; c'est-à-dire, » qu'à votre avis, il est vieux et usé ; mais dites donc aussi que l'Apol- » lon du Belvédère est *rococo ;* osez plus ; osez dire que le soleil est » *rococo,* car il y a six mille ans qu'il nous éclaire! »

royale du Gard, soit ailleurs, et quant à ce qui reste inédit, des convenances impérieuses ne permettaient pas de l'exposer au jour, sans le soumettre à des coupures qui en eussent détruit les proportions et affaibli l'intérêt.

Des objections de cette valeur ont dû produire en moi de l'hésitation et me disposer à attendre des circonstances plus favorables. J'ai donc renoncé provisoirement à une partie de mon projet primitif, et me bornerai, aujourd'hui, à raconter une vie riche en souvenirs précieux pour moi, et, j'ose m'en flatter, intéressans pour mes compatriotes. Toutefois, pour suppléer jusqu'à un certain point à l'absence de la publication complète que j'avais d'abord résolue, divers fragmens des œuvres de l'homme de lettres, placés à la suite du texte, permettront d'apprécier son double talent de poète et de prosateur.

Fʀᴀɴçᴏɪs Lᴀʀɴᴀᴄ, mon père, naquit à Nismes, le 20 juillet 1760, d'une famille protestante, très anciennement vouée au commerce. Son enfance annonça un esprit ouvert et plein de pénétration; mais la faiblesse de sa constitution physique fut un premier et grave empêchement à des études fortes qui eussent développé ses facultés naturelles dans toute leur étendue. Le jeune Larnac, dirigé avec fermeté, eût sans doute triomphé de cet obstacle; mais il avait à peine quatorze ans lorsque son père lui fut prématurément enlevé. Placé désormais sous l'autorité de sa mère, en qui beaucoup de raison s'unissait à un excès inimaginable de condescendance pour son fils, on conçoit combien la culture intellectuelle de ce dernier eu^t à souffrir de ce changement de direction. Mon aïeule en comprit bientôt tout le désavantage; aussi, songea-t-elle à remédier au mal que son bon sens lui signalait, en éloignant de sa personne l'objet d'une faiblesse aussi difficile à vaincre qu'elle était nuisible. C'est dans ce but qu'elle l'envoya continuer à Genève ses études classiques, commencées au collége de Nismes. Par malheur, le pensionnat qu'elle choisit était dirigé par un homme peu digne de la confiance des familles, et de qui l'enseignement superficiel, incomplet, souvent même rempli d'erreurs, ne valait ni l'embarras, ni la dépense du déplacement. Ces sacrifices furent donc inutiles, et l'élève d'un tel instituteur ne put réparer, à Genève, le temps perdu à l'ombre du toit paternel. Cependant il était né pour les lettres ; à défaut de l'éducation, un heureux instinct lui révéla les secrets et les charmes d'un art vers lequel il se sentait irrésistiblement entraîné, et une solennité littéraire et dramatique dont il fut témoin, vers la fin de son séjour en Suisse, vint augmenter la force de ce penchant et exercer sur son avenir une influence décisive. Ce fut une suite de représentations que Lekain, parvenu à l'apogée de son talent, donnait alors à Ferney, en présence de Voltaire. Un jour que l'on jouait Zaïre, à ces mots : *Zaïre, vous pleurez !* prononcés par le grand artiste, avec cet accent et cette expression qui ont acquis une si haute célébrité dans les annales du théâtre, Voltaire s'élance brusquement de sa loge d'avant-scène, franchit à pas précipités l'espace qui le sépare d'Orosmane, se jette à son cou, l'étreint dans ses bras, l'accable de caresses, et lui prodiguant enfin les témoignages les plus animés et les plus bruyans de son admiration, le proclame avec des trépignemens de joie, au milieu des applaudissemens convulsifs de l'assemblée, le prince des acteurs tragiques !

Quoique de nos jours Voltaire soit passé de mode, ceux-là même qui nient, avec le plus d'aplomb, ses plus beaux titres de gloire, comprendront, en se reportant en arrière, l'effet que devaient produire de pareilles scènes sur un jeune homme de dix-huit ans, doué d'une imagination ardente, d'une sensibilité exquise, et de qui l'esprit, malgré les lacunes et les imperfections de sa culture, était déjà fait pour apprécier tout ce qu'il y a de noble dans les exercices de l'intelligence, et de ravissant dans les triomphes qu'elle obtient.

Rentré dans ses foyers à cet âge où une impulsion énergique peut seule sauver les jeunes gens des conséquences de l'oisiveté, F. Larnac était moins qu'un autre en mesure d'échapper aux mauvaises chances de sa nouvelle position. Son enfance maladive, assiégée par des médecins ignorans, lui avait donné des habitudes invétérées de paresse ; ces habitudes purement physiques, avaient, par une compensation nécessaire chez les sujets où l'intelligence domine, procuré plus d'activité et d'ardeur à son imagination ; l'esprit s'exaltait en lui à raison même du repos auquel il condamnait son corps ; mais, privée de modérateur et de but, la sève égarée se perdait, soit en efforts inutiles, soit en résultats bizarres et presque fantastiques. Victime, d'ailleurs, au collége, de la brutalité de ses camarades plus robustes que lui, accoutumé à leur céder, à croire à leur supériorité, plein de candeur et de timidité, il manquait de cette confiance en soi-même, défaut ou vertu de la jeunesse, qui devient une folle suffisance chez les uns, et qui seule donne aux autres la force d'entreprendre et le pouvoir d'achever. Enfin, la débilité naturelle de ses organes lui inspira la pensée qu'il était né malheureux, hallucination fatale, qui, parvenue progressivement à un haut degré d'énergie, brisa les ressorts de sa volonté, et versa sur toute son existence le poison d'une noire mélancolie.

Ces défauts de nature et d'éducation devaient ajouter et ajoutèrent, en effet, aux dangers de l'oisive indépendance à laquelle il était livré. Ses parens qui voyaient le mal, songèrent à en arrêter les progrès, en l'initiant à une profession honorable. Dans cette vue, on l'envoya étudier la science des lois à Montpellier, sous la direction d'un jurisconsulte de cette ville. Nouvelle et plus amère déception ! Ce jurisconsulte était un vieillard facile et enjoué, qui se prêtait, avec une insouciance incroyable, au goût de dissipation des jeunes gens soumis à sa discipline. Assis dans un grand et antique fauteuil, tenant sur ses genoux sa fille, jolie enfant de dix-sept ans, dont il roulait dans ses doigts la blonde chevelure, il adressait, d'un air distrait, à ses élèves, quelques questions, presque toujours les mêmes, sur les points les plus élémentaires du droit. Le plus souvent, au lieu de lui répondre, le jeune homme interpellé adressait à son tour au professeur une question sur la nouvelle du jour; à l'instant, l'honnête juriste, laissant de côté sa leçon, se livrait complaisamment à l'impulsion de ses disciples et au nouveau cours de l'entretien. C'est ainsi que chacune de ses conférences, ou du moins la majeure partie, se dissipait en propos aussi inconvenans que frivoles. On n'en délivrait pas moins aux étudians, à la fin du temps prescrit, des diplômes de licenciés conçus dans les termes les plus pompeux ; et tel fut celui que la faculté octroya au jeune Larnac.

Il revint à Nismes, avec son parchemin, ennuyé du droit sans l'avoir appris, et hors d'état de l'apprendre ; vainement il entra chez un procureur pour s'y former à la pratique. La théorie l'avait peu séduit, la pratique excita en lui un insurmontable dégoût. Les enfans de la basoche et leurs mœurs prosaïques, leur familiarité avec les sergens et les recors, leur sympathie pour tout ce que la justice a de rigueurs, ajoutaient encore à la répulsion que le métier lui inspirait. Un jour, donc, il sortit de cet antre de la chicane, résolu à n'y plus rentrer; et, confondant dans une commune réprobation procureurs et avocats, praticiens et jurisconsultes, il renonça définitivement au barreau.

Sa vocation réelle, qui le poussait vers les régions poétiques, devait enfin l'emporter. Toutefois, son aptitude à la poésie n'était encore qu'un germe stérile, que l'étude et la méditation pouvaient seules féconder. Même sous ce rapport, son éducation était à refaire. Il le sentit; et c'est à ce soin qu'il employa dix années consécutives. Malgré la mollesse de ses habitudes et de fréquens accès de mélancolie, qui paralysaient momentanément ses plus précieuses facultés, ses lectures furent immenses, et grâce aux conquêtes d'une mémoire miraculeuse, elles remplirent les vides de ses études de collège.

La révolution de 1789 le surprit au milieu de cette œuvre de régénération personnelle. Il en embrassa avec ferveur les principes; mais sa politique timide, douce, conciliante, s'effaroucha bientôt de l'audace des Titans révolutionnaires : peu après, elle eut horreur de leur sauvage énergie; et son intelligence, subjuguée par l'effroi, refusa même de comprendre ce qu'ils ont accompli d'utile et de grand. Quant à lui, unissant dans une même sympathie la cause des idées nouvelles et la cause du roi Louis XVI, qui en avait d'abord favorisé le progrès, il rêvait dès lors l'alliance, à ses yeux nécessaire, de la monarchie et de la liberté; et telle a été son invariable devise jusqu'au terme de sa carrière.

Au moment de sa vie où ce récit est parvenu, le poète naissant s'était révélé à ses concitoyens par quelques pièces de vers, faibles essais que son goût a depuis condamnés; mais c'est surtout dans sa société intime que les vives allures de sa pensée, les traits piquans de son esprit, le tour heureux de son langage, avaient fait naître des espérances fondées. L'opinion des plus éclairés de ses amis, prévenant la marche du temps, le classait d'avance parmi les littérateurs de son époque; à leurs yeux il méritait déjà ce titre. Généralement le caractère moral d'un écrivain se réflète dans ses ouvrages : le sien, torturé par des souffrances précoces, offrait un curieux mélange de surexcitation et de faiblesse, d'indépendance fougueuse et de docilité, de mélancolie et de gaîté folle, d'humeur satyrique et de candeur, de misanthropie et de bienveillance (*). A lui plus

(*) Il s'est peint lui-même, sous des traits semblables, dans les vers suivans :

> Vous voulez que, du Pinde écartant les chimères,
> Je dévoile à vos yeux les replis de mon cœur ?
> Assemblage inouï de principes contraires,
> Comment vous définir mes goûts et mon humeur ?

qu'à tout autre s'appliquait cette observation de Montaigne : *L'homme est ondoyant et divers.* Si ces inégalités et ces contrastes s'étaient reproduits sous sa plume, ils auraient empreint son talent des couleurs les plus vives. Par malheur, chaque fois qu'il a écrit pour le public, l'extrême circonspection de son goût a dominé ses penchans et comprimé les élans de son imagination : l'écrivain a absorbé l'homme ; l'art a effacé, à peu de chose près, la nature, et l'on n'a pu retrouver la verve, l'originalité, le trait acéré et vigoureux, qualités propres de son esprit, que dans sa conversation, dans sa correspondance et ses autres compositions familières. Ce jugement peut paraître bien élogieux, et je sais combien il est suspect quand c'est un fils qui le porte ; mais je me hâte de le placer sous la protection d'un nom célèbre : Rabaut St-Etienne, qui voyait souvent mon père

Tour-à-tour on me voit louangeur, satyrique,
Timide et téméraire, humble et présomptueux,
Crédule et défiant, colère et pacifique,
Babillard, taciturne, actif et paresseux ;
Plus mobile vingt fois que l'onde et les nuages,
De l'objet qu'il regarde empruntant les couleurs,
Mon esprit, abusé par de vaines images,
Promène mes destins de la joie aux douleurs ;
Dans les plus noirs accès de mon humeur chagrine,
Tout-à-coup le plaisir m'élève au rang des Dieux ;
    Et je ressemble à Proserpine,
Tantôt dans les Enfers et tantôt dans les Cieux !

chez Mme A***, sa marraine, disait à celle-ci : « *Il y a du Jean-Jacques Rousseau chez votre* » *filleul!* »

Rabaut St-Etienne n'était pas le seul à l'encourager : de toutes parts on le pressait de consacrer à des travaux dignes de l'attention publique les dons heureux d'une organisation intellectuelle d'élite. Puisqu'il éprouvait une invincible répugnance à se lancer dans le barreau, au moins fallait-il suivre résolument une vocation différente et aussi clairement indiquée. Les malheurs de l'époque l'empêchèrent d'obéir tout de suite à cette impulsion. Il s'était allié, en 1791, à une famille honorable d'Uzés, et avait fixé sa résidence dans cette ville. Bientôt après, l'horizon politique s'assombrit au point qu'il n'y avait plus de sûreté, soit à Nismes, soit à Uzés, pour les hommes de son opinion. Il crut en trouver davantage à la campagne, et se confina, durant la terreur, au village de Bellegarde, où il possédait un domaine. Là, tout exposé qu'il fût à plus d'une mortification, à de grossières taquineries, à une inquisition gênante et dangereuse, il réussit à se faire oublier, mieux qu'il n'eût été possible à la ville.

Un jour, durant son exil au village, il dut, en sa qualité de garde national, se réunir à un détachement, chargé de poursuivre un *aristocrate*, qu'on disait caché dans la forêt voisine. Le détachement se forme et se met en marche. Pendant le trajet, mon père déplorait silencieusement la violence qu'il subissait, en contribuant à la recherche d'un malheureux, de qui tout le crime, sans doute, était de haïr une abominable tyrannie. Le livrer à la justice d'alors, c'était le livrer au bourreau. Que faire, néanmoins, et comment le sauver?....., Un expédient étrange se présente à son esprit : l'emploi en était plein de périls pour lui-même; cependant il se décide à en faire usage. « Citoyens, dit-il à ses compa- » gnons, nous avons l'air de gens qui préparent » un mauvais coup, et non de braves soldats ré- » publicains. Pourquoi marcher à la débandade » et à pas de loup comme nous faisons? Soutiens » des lois et de la liberté, notre place est dans » nos rangs, et le tambour doit battre à notre » tête. — C'est vrai », s'écrie-t-on de toute part, et, la motion aussitôt adoptée, chacun reprend son rang et l'on s'avance tambour battant. Le proscrit était effectivement caché dans le bois de Broussan; averti par le son du tambour, il se mit à fuir dans une direction opposée, et échappa de la sorte à la poursuite dirigée contre lui.

L'auteur de ce trait honorable avait traversé les mauvais jours de la révolution, frappé dans ses biens et miraculeusement respecté dans sa

personne, mais compromis à la fin par de géné-
reuses imprudences, il allait payer de sa tête, des
opinions qu'il n'avait pas su déguiser avec assez
de soin, lorsque sonna pour lui, comme pour
tant d'autres, l'heure de la délivrance; le 9 ther-
midor venait de s'accomplir. On sait qu'au milieu
de l'émotion que ce grand changement produisit,
un sentiment énergique se manifesta au sein de
la nation, contre les tyrans qui l'avaient si cruel-
lement décimée, et que le flot de l'opinion poussait les vainqueurs de cette journée dans une
voie différente de celle que plusieurs d'entr'eux
eussent voulu suivre. Il y eut un moment possi-
bilité d'une lutte et incertitude du résultat; or,
avant que la réaction naissante eût définitivement
triomphé de toutes les résistances, et lorsqu'on
pouvait redouter le retour des sanglantes pros-
criptions dont la liste venait à peine de se clore,
F. Larnac, revenu à Uzès, osa, sur le petit théâtre où le sort le plaçait, seconder le mouvement,
et concourir à le rendre irrésistible.

Tout entier à ce dessein, il composa un discours qui, destiné à la publicité du club, avait
pour objet d'intimider les partisans encore re-
doutables du pouvoir déchu, et de raffermir le
courage de leurs victimes. Le secret confié à quelques amis n'en fut bientôt plus un, et lorsque
l'orateur parut au milieu de l'assemblée, il de-

vint l'objet exclusif de l'attention générale. Le
maire de la ville vint à lui, le prit à part et lui
dit : « J'ai appris que vous vous proposiez de lire
» un discours réactionnaire ; mais prenez garde,
» je crains que vous ne commettiez une grave
» imprudence, car plusieurs *patriotes* déter-
» minés se sont rendus ici avec des armes cachées
» sous leurs habits. » Mon père répondit : « Je
» vous remercie, citoyen maire, de cet avis offi-
» cieux, mais il ne saurait modifier ma résolution,
» et quoi qu'il puisse en résulter, *le vin est tiré*,
» *il faut le boire !* » Sur-le-champ, il monta à la
tribune. Sa voix émue et fortement accentuée
appela l'infamie et l'exécration sur les hommes
de sang naguère armés de la toute-puissance politique. Revenus de leur abattement, les modérés
applaudirent, les patriotes armés n'osèrent se
montrer, et le discours, interrompu par de fréquens murmures d'approbation, obtint un si
beau succès, que, sous peu de jours, plusieurs
milliers d'exemplaires en furent répandus, par
les soins de l'administration publique, dans les
villes et les campagnes du département du Gard
et des départemens limitrophes.

Le calme était décidément revenu sous le gou-
vernement directorial, et chacun pouvait se livrer, sans préoccupations sinistres, à ses travaux
favoris. C'était donc le moment pour F. Larnac

d'utiliser ses heureuses dispositions, mûries alors par l'âge et l'expérience. Diverses causes, combinées avec les torts de son éducation, s'opposaient à ce qu'il apportât à ses entreprises littéraires l'esprit de suite, indispensable condition d'un succès important. Ces causes, que je rapporterai plus bas, cédèrent, cette fois, à une généreuse émulation, et la tragédie de *Thémistocle* fut le résultat de cet effort.

Le sujet, emprunté à Métastase, ne prêtait pas au développement des grandes passions tragiques, mais l'auteur, qui se défiait de ses forces, voulut seulement, dans cette imitation libre, éprouver la mesure de son aptitude au plus difficile de tous les genres de poésie ; ce n'était d'ailleurs à ses yeux qu'un début destiné à être suivi d'œuvres de même nature, où les conseils d'une sage critique seraient mis à profit. Les circonstances politiques ne furent pas non plus étrangères au choix du sujet. Il était aussi convenable qu'utile, après tant d'orages, après tant et de si énormes excès commis au nom de la sainte cause de la patrie, d'offrir à des cœurs éprouvés par ces rudes secousses, la peinture du vrai patriotisme, tel que le plus éclairé de tous les peuples l'avait compris, tel que ses grands hommes l'avaient pratiqué, aux plus beaux jours de son histoire. Sous ce rapport, la pensée mère de *Thémistocle* était l'inspiration d'une âme vraiment patriote et l'acte d'un bon citoyen (*).

Immédiatement après avoir terminé son ouvrage, F. Larnac se rendit à Paris pour l'y faire réprésenter; il fut en effet joué à l'Odéon, qui était alors le siége de la Comédie Française. La pièce réussit; et, quoique l'opinion générale la classât au nombre des productions dramatiques peu propres à être goûtées au théâtre, elle obtint

(*) Divers passages de la tragédie de *Thémistocle* prouvent la vérité de cette appréciation. Je choisis le suivant entre plusieurs autres.

L'ambassadeur athénien, près de Xercès, engage Thémistocle à le suivre à Athènes. Vos concitoyens, lui dit-il, éprouvent déjà un profond repentir du traitement qu'ils vous ont infligé; ils vous accueilleraient avec joie et vous rendraient tout votre crédit; revenez donc parmi eux. Thémistocle répond :

. . . .

> Irai-je, spectateur des discordes civiles,
> Répandre sur nos maux des larmes inutiles,
> Voir la chute des mœurs et le mépris des Dieux,
> La tribune livrée aux cris des factieux,
> Un assemblage obscur d'orateurs mercenaires,
> Exciter à leur gré les fureurs populaires,
> Notre orgueil provoquer les attentats des rois,
> La bassesse et le crime armés du fer des lois,
> Et des partis divers la coupable industrie,
> Déchirer tour-à-tour le sein de ma patrie !

Je citerai encore ces deux vers qui semblent avoir été la devise des plus glorieux martyrs de la révolution :

> La patrie est un Dieu, qui, même en ses caprices,
> Ne peut être honoré par trop de sacrifices !

plusieurs représentations. Ce qui la soutint ainsi, malgré les défauts inhérens au genre admiratif, ce furent des qualités de style auxquelles on rendit unanimement justice. L'auteur accueilli, fêté, fut mis en rapport avec les littérateurs les plus distingués de l'époque. Le lyrique Lebrun, Legouvé, Luce de Lancival, Morellet, Baour-Lormian, Picard, Lemercier (*), lui donnèrent les témoignages les plus honorables d'estime et de sympathie. Le premier surtout, Lebrun, avait conçu tant de bienveillance pour sa personne, qu'il l'appelait son fils, l'accueillait toujours avec une aimable cordialité, et l'initiait même aux secrets intimes de son ménage. Ses relations assez fréquentes avec Picard lui fournirent l'occasion de lui raconter plusieurs facéties languedociennes de sa composition, une entr'autres reproduite avec bonheur, plusieurs années après, dans la comédie de la *Petite Ville*, et qui n'en est pas la scène la moins plaisante. Il se lia aussi avec M. Daru, peu connu alors, et qui dans la haute fortune où depuis il parvint, ne cessa de le traiter comme un de ses meilleurs et de ses plus dignes amis. Enfin, il eut l'avantage d'être présenté à St-Lambert. Ce dernier avait lu *Thémistocle*; il en parla à l'au-

---

(*) La Harpe et Delille étaient alors absens de Paris.

teur avec des développemens et dans des termes qui manifestaient un vif intérêt pour celui-ci et pour son avenir littéraire. Mon père, enhardi par ce suffrage bienveillant, se hasarda à lui dire : « Vous sentez, monsieur, combien il m'importe » de savoir si je dois persévérer à suivre la voie » où je viens d'entrer, et personne mieux que » vous ne peut m'éclairer à cet égard : veuillez » m'en dire franchement votre pensée; dois-je » continuer à faire des vers?..... — Abeille, faites » du miel », repartit St-Lambert, en l'interrompant.

Pour achever le tableau de ses succès, ajoutons qu'il eut aussi les honneurs de la satire. Il avait lu sa tragédie dans plusieurs salons; le public parisien, moins accoutumé qu'aujourd'hui aux formes méridionales, fut frappé, en l'écoutant, de l'ardente animation avec laquelle il disait les vers. S'emparant de ce que cette qualité pouvait avoir parfois d'excessif, le satirique Despaze le dépeint de la manière qui suit :

L'impétueux Larnac, ardent, échevelé,
L'œil en feu, le teint pâle et *debout sur un socle*,
En accens convulsifs exhale Thémistocle.

Cette épigramme, nouvelle indication de la place qu'occupait déjà dans la république des lettres celui qu'elle poursuit de ses traits, offre encore un autre avantage : elle rappelle, en effet, le talent plein de naturel et de verve entraînante avec lequel il récitait les chefs-d'œuvre de nos poètes; talent constaté, à Paris même, par les éloges des connaisseurs, et que des maîtres de l'art jugèrent digne de leur suffrage.

Au bruit de l'accueil fait à l'un de ses enfans, par l'élite de la société française, la ville maternelle ne voulut pas rester en arrière envers lui, et, à son retour, elle lui décerna aussi son ovation. *Thémistocle*, joué plusieurs fois sur le théâtre de Nismes, au milieu d'une affluence inaccoutumée, y fut couvert d'applaudissemens; on y lut des vers, expression de la joie et de l'orgueil du peuple nîmois; on y jeta des couronnes au héros de la fête, heureux, enivré pendant de si beaux jours; plus heureux encore, s'il avait marché d'un pas ferme vers le but que lui marquait l'enthousiasme de ses compatriotes!

Non-seulement il fallait suivre cette impulsion, mais il fallait, de plus, aller habiter Paris, car là, et non ailleurs, existe, pour les hommes de lettres, une vive émulation, principe et aliment du feu sacré dans les arts. L'imagination languit et finit par s'éteindre au milieu des habitudes vulgaires d'une ville de province; étreinte incessamment par les liens des réalités les plus triviales, comment pourrait-elle s'élancer et vivre dans les hautes régions de la poésie!

Mon père appréciait la force de ces considérations, et cependant, après avoir vécu un an et plus au milieu du monde le plus brillant, il s'ensevelit dans sa province. Il y demeura, à partir de ce moment, enchaîné par des intérêts domestiques, qui furent alors, et ont été depuis, les adversaires obstinés de sa fortune littéraire. Avant tout, il fallait se procurer des moyens suffisans d'existence; avant tout, il se sentait chef de famille et père; mais le sort lui avait départi le genre de propriétés le plus difficile à administrer et le plus antipathique à ses penchans, à ses habitudes et à la tournure de son esprit : c'étaient des biens-fonds d'industrie, principe de gêne pour quiconque n'est pas agriculteur, source d'embarras et de contestations pour tout le monde. Or, il était, ainsi qu'il le déclarait lui-même, brouillé avec les élémens de la science agricole, et l'on sait déjà l'éloignement que la pratique des affaires lui inspirait. — A un grand nombre dépersonnes, l'activité du corps et un certain savoir-faire stimulé par l'instinct de l'intérêt personnel, tiendraient lieu, au besoin, d'habileté dans leur conduite; mais peu d'hommes ont été plus déshérités que lui, sous ce double rapport. De tous les instrumens de prospérité, le savoir-faire et l'activité physique sont ceux dont il fut le plus complètement privé. C'est par là qu'ayant exercé, quarante ans, avec abnégation, la plupart des fonctions gratuites, administratives ou judiciaires, de son arrondissement, irréprochable d'ailleurs par ses mœurs et distingué par son mérite, jamais aucune distinction officielle n'a récompensé son dévouement semi-séculaire et signalé au respect des citoyens ses titres aussi nombreux qu'incontestables. Les mêmes causes agirent, d'une manière analogue, sur le succès de ses affaires privées. Sa nature essentiellement contemplative, soumise à des distractions d'une incroyable intensité le plaçait d'ordinaire, en-dehors du mouvement de la vie commune, et son ignorance des notions pratiques, compliquée par les variations de son humeur et les écarts d'une imagination fougueuse, multipliait à l'infini sous ses pas les difficultés, les fausses mesures et les déceptions. Ce fut, surtout, en ce qui touchait à l'administration de ses propriétés rurales, que ces défauts d'organisation et d'éducation première portèrent des fruits amers. Qu'on se représente, dans un des villages de notre banlieue, une exploitation rustique dont le chef, tourmenté par une insomnie chronique, ne sortait pas de sa chambre avant midi et n'allait jamais visiter ses champs, sans donner à ses ouvriers des preuves multipliées de son ignorance des procédés de leur art. Ces hommes grossiers conçurent de leur maître une opinion qui brisa dans ses mains les ressorts du commandement. Il fut bientôt victime des vols les plus impudens, des tromperies les plus audacieuses. Tantôt, ses domestiques, perçant le plancher de la grange où ils couchaient, descendaient dans ses celliers, passaient la nuit à s'enivrer avec son vin, puis achevaient de remplir ses tonneaux avec l'eau d'une marre voisine; tantôt, des bandes de quinze ou vingt sarcleuses, envoyées à ses vignes, employaient la moitié du jour à coudre et à tricoter pour leur compte; ce valet éventrait volontairement un cheval qu'on l'avait chargé de conduire; un voisin arrachait insolemment les bornes placées sur la limite commune et les transportait à plusieurs mètres au-delà, dans le champ du propriétaire-poète, s'appropriant, sans façon, l'intervalle de l'ancienne ligne à la nouvelle. Je ne finirais pas s'il me fallait épuiser la série de ces épreuves; je ne les ai signalées qu'à regret et à cause de l'atteinte fatale qu'elles ont portée au caractère moral de mon père, à son bonheur et à sa destinée d'homme de lettres; elles ont assombri son humeur, aigri et livré à une incurable défiance son âme naturellement douce et confiante; et, en tout ce qui touchait aux intérêts pécuniaires, faussé même son jugement qui, en cette matière spéciale, n'a jamais pu se dégager des préventions d'une noire misanthropie, des illusions les plus décevantes, des aberrations les plus fâcheuses. Enfin, en compliquant outre mesure les embarras du père de famille, elles ont tristement consumé les loisirs du littérateur.

On aura maintenant le secret du peu qu'il a écrit pendant une vie qui s'est prolongée jusqu'au-delà de quatre-vingts ans ; on saura quels obstacles ont arrêté son essor et l'ont empêché d'achever plusieurs ouvrages entrepris. Le lecteur sera même étonné qu'il ait pu, malgré tant d'entraves, produire ce qu'il a laissé, et cela même demande encore quelques explications.

Outre que l'amitié l'unissait à tous les hommes de mérite que Nismes possédait alors, et qu'un lien étroit de famille le rapprochait du savant et respectable Eymar, de qui les conseils et les exhortations ne lui manquèrent jamais, la petite ville d'Uzés, qu'il avait choisie pour sa résidence, n'était pas non plus dénuée de ressources au point de vue littéraire. Lorsqu'il s'y établit en 1791, elle comptait au nombre de ses habitans plusieurs esprits distingués : le syndic du diocèse, de Trinquelague, en dernier lieu premier président à Montpellier ; l'officier de marine, plus tard amiral Brueys ; le conseiller au parlement de Toulouse Rafin et ses deux frères ; le député à la constituante Chambon ; le vicomte de Dampmartin ; le baron d'Aigaliers ; Jules Baragnon ; Mme de

Bourdic ; Antoine Allut, l'un des rédacteurs de l'*Encyclopédie* ; enfin, Mme Verdier-Allut, sœur de ce dernier, la même à qui s'applique ce vers de La Harpe :

Et Verdier, dans l'idylle, a vaincu Deshoulières.

Immédiatement après la révolution, Mme Verdier était à Uzés le seul reste de cette société d'élite, mais c'en était aussi le plus précieux pour mon père. Les avis, les encouragemens et les excitations de cette femme supérieure (*) entretinrent

(*) Un poème de Mme Verdier, intitulé l'*Origine de la Poésie*, et dédié à l'auteur de *Thémistocle*, se termine par les vers qui suivent :

Modernes Amphions que la faveur divine
    Enflamme des mêmes transports,
De cet art tout puissant, objet de vos efforts,
    Ne démentez point l'origine.
Rivaux de Sophronime et ses imitateurs,
Employez comme lui l'ascendant du génie ;
Eclairez les mortels pour les rendre meilleurs,
    Désarmez la haine et l'envie ;
A la douce union ramenez tous les cœurs.
De la célébrité justes dispensateurs,
Que votre voix surtout ne soit point avilie
    Par des accens adulateurs.
Loin de vous le mensonge et ses vils artifices ;
Célébrez les vertus et tonnez sur les vices ; ·
    Ainsi de la postérité,
Méritant à la fois l'estime et les suffrages,
    Marquez vos noms et vos ouvrages
    Du sceau de l'immortalité.
Sans doute vous devez prétendre à cette gloire,
Vous de qui les essais aussi nobles qu'heureux,
Nous ont peint ce guerrier qu'aux fastes de l'histoire

en lui l'amour de l'art et des velléités, malheureusement trop rares, de le pratiquer.

Vers l'année 1800, jetant ses regards en arrière et se sondant avec courage, il traça en quelques pages de prose l'histoire de son enfance et de sa jeunesse, et l'analyse de son organisation intellectuelle et morale. Ce travail, destiné à ses enfans et qui avait pour objet de les prémunir contre des erreurs et des défauts, sources de mécomptes et de chagrins pour lui-même, est de la nature de ceux qui ne peuvent être publiés en entier. Je déplore vivement cette impossibilité, car l'œuvre familière, qui en est frappée, se distingue autant par la force, la souplesse et l'élégance du style, que par la finesse des aperçus et

Salamine a rendu fameux.
Vous, qui nous retraçant, sur la tragique scène,
L'héroïsme de son trépas,
Avez déjà vu Melpomène
Favoriser vos premiers pas :
Remplissez vos destins, poursuivez votre route ;
Il est temps qu'un nouvel essor,
A ce brillant laurier ajoute
Des lauriers plus brillans encor.
Qu'un espoir si flatteur vous ranime et vous guide,
Et tandis que d'un pas aussi sûr que rapide,
Dans ce chemin glissant je vous verrai courir,
Du pied de l'Hélicon où les muses m'arrêtent,
Aux succès qu'elles vous apprêtent,
Je ne cesserai d'applaudir.

la profondeur de l'investigation que l'auteur y exerce sur lui-même et sur autrui.

A peu-près à la même époque, il composa son dialogue en vers, intitulé : *Le Roc de Sarbonnet* ou les *Nouvellistes*. De ce badinage conçu dans les formes et les proportions d'un proverbe, jaillissaient des traits de verve comique, dignes d'un cadre plus étendu. D'après les assurances qui lui en furent données, il songea à s'exercer dans la haute comédie et mit, sur-le-champ, la main à l'œuvre. Le caractère sur lequel il jeta les yeux fut celui de *l'Insouciant* qui, à certains égards, était le sien propre. Il en fit le plan, en disposa toutes les scènes et versifia les trois premières. Malheureusement ce fut à ce point qu'il s'arrêta et la pièce resta inachevée. Il en a été de même de sept ou huit tragédies ou comédies, dont les ébauches, plus ou moins avancées, existent dans ses papiers.

La composition d'une épître à Mme Verdier et de plusieurs autres poésies légères, se rapporte à la même période de temps, de 1800 à 1812.

Il avait également alors formé le projet de traduire en vers la *Jérusalem Délivrée*. C'était une heureuse idée, car le traducteur, recevant ses inspirations de son modèle, échappe à la plupart des inconveniens de la vie de province. Comme son talent de versificateur paraissait hors de doute, un succès important et durable eût été le prix de sa constance ; mais, après un essai de cent cinquante à deux cents vers, vaincu par les divers obstacles que l'on connaît, il abandonna cette grande et belle entreprise.

Au moment où l'Académie royale du Gard se reconstitua, il devait nécessairement en faire partie. Il y entra avec les littérateurs distingués que j'ai nommés au début de cette notice, et, au 20 octobre 1840, époque de sa mort, il était, depuis plusieurs années, le doyen des membres non résidans de la compagnie.

Madame Verdier mourut au mois de février 1813 ; sa perte excita des regrets unanimes, et mon père, qu'elle affligeait à plus d'un titre, voulut être, en cette triste conjoncture, l'organe des sentimens de ses concitoyens. Le discours qu'il prononça au bord de cette noble tombe, n'est point une de ces productions superficielles qui n'ont qu'une valeur éphémère et de circonstance. Inspiration chaleureuse d'un cœur douleureusement pénetré, hommage passionné à des vertus, qui, plus que ses talens, firent de Mme Verdier le modèle et l'honneur de son sexe, ce morceau, remarquable d'ailleurs par l'harmonie et la suavité du langage, est digne en tout de celle dont il a célébré les louanges !

Après la mort de Mme Verdier, il parut avoir

renoncé à la culture de la poésie. Toutefois, le dévouement de Rotrou, illustre favori de la muse tragique et magistrat vertueux, qui sacrifiant au devoir de sa charge le plus bel avenir, accourut dans sa ville natale ravagée par la peste, et périt victime de son zèle; ce dévouement et ce glorieux trépas, en échauffant son cœur, ranimèrent sa verve prête à s'éteindre. Il termina donc, en 1816, le poème intitulé : *Le Dévouement héroïque de Rotrou*, et le lut à l'Académie du Gard, avant de le livrer à l'impression. Les anciens membres de cette compagnie ne peuvent avoir oublié le succès qu'il obtint, et les suffrages empressés qu'ils accordèrent à l'auteur, après cette lecture.

Ici se termine la biographie de l'homme de lettres; ici du moins finit la série de ses travaux. A l'avenir, il aimera toujours ses livres, il continuera de puiser parmi les trésors de sa mémoire, immense bibliothèque poétique, des souvenirs toujours précieux; son esprit va conserver jusqu'au bout la même pénétration, la même vivacité; son imagination ne doit rien perdre de sa fraîcheur; les juges éclairés du mérite admireront en lui, dans un corps usé par les ans, incliné vers la tombe, l'amabilité, l'enjouement, le trait

étincelant, la saillie originale, et, chose surtout remarquable, l'ardeur intellectuelle, partage ordinairement exclusif de la jeunesse. L'ar-
bre vivra, enfin, entier et vigoureux, mais il
aura cessé de porter des fruits. Tant que la force
de l'âge a duré, sa vertu productive a résisté fai-
blement aux ennemis qui l'ont assiégée ; désormais elle cède à leur effort....., Et maintenant
que l'on connaît cette existence étrange dans son
obscurité, que le lecteur en a recueilli les curieux
incidens, qu'il a pu en apprécier les principaux
caractères, qu'il a pu juger les faits et les témoignages, qui ne sent que tout cet ensemble
révèle une haute destinée littéraire, compromise
et étouffée dans son germe ? Qui ne déplorerait
l'avortement des richesses qu'une si heureuse
organisation avait promises, et, tout en regret-
tant ce qu'elle a manqué d'être, n'accorderait
une part d'estime à ce qu'elle a été !

F. Larnac, alors entré dans son douzième
lustre, sentit son esprit incliner vers un ordre
nouveau d'idées et de sentimens. Quoique imbu
de bonne heure des principes philosophiques
qui dominaient au temps de sa jeunesse, il avait
toujours respecté chez les autres les convictions
religieuses qu'il ne partageait pas. Son incrédu-
lité, d'ailleurs, ne se rapportait qu'à certains

dogmes, et il n'avait cessé de détester l'athéisme et d'aimer avec enthousiasme la morale évangélique. A la date que je viens d'indiquer, il résolut d'étudier, consciencieusement, tout ce qui sert de base aux croyances du chrétien. Jaloux d'en acquérir la foi vive, profonde, sans nuages, il fit avec candeur, dans cette vue, tous les efforts d'intelligence et de volonté dont il était capable. Y réussit-il pleinement ? Ses doutes furent-ils dissipés ?....... Ses vertus privées, qu'il me reste à retracer, ayant brillé d'un plus vif éclat durant sa vieillesse, vont être une réponse péremptoire à ces questions.

Trop souvent les dons de l'eprit, loin de servir au bien, deviennent aux mains de ceux qui les possèdent les plus dangereux instrumens du mal. Déplorable abus, fatal exemple, qui, tant de fois, ont fait maudire la diffusion des lumières, et exalter la supériorité de l'homme sauvage sur l'homme civilisé! Mon père, lui, avait autrement compris la mission confiée par la Providence à ses privilégiés, et les ouvrages qu'il a terminés ou entrepris, inspirés par les intentions les plus pures, sont toujours empreints du même caractère et destinés à concourir au perfectionnement moral de ses lecteurs. Thémistocle, Rotrou, les héros du patriotisme et de l'humanité, furent les objets de son culte et ceux de qui sa plume aimait à dessiner les traits. Parmi les personnages célèbres qui ont laissé après eux des traces lumineuses de leur passage, Saint-Vincent de Paule, Fénélon, Las Casas, furent toujours ses idoles. Jamais son âme compatissante n'a partagé l'admiration passionnée qu'excite, en général, la gloire militaire, et il ne pardonnait leurs exploits guerriers à un petit nombre de grands capitaines qu'en faveur des actes de clémence, de générosité ou de mansuétude qui ont honoré leur vie. La férocité romaine le révoltait; et, de nos jours, l'éclat de la plus grande figure historique des temps modernes ne l'a point ébloui. L'énorme consommation d'hommes, moyen et résultat des succès de Napoléon, excitaient en cette nature pacifique, et qui, à l'exemple de l'église, avait, par dessus tout, horreur du sang, une profonde et incurable antipathie contre l'auteur de tant de maux. Ennemi né, d'ailleurs, de toute tyrannie et de l'abus de la force, il ne pouvait aimer un pouvoir politique qui glorifiait l'empire du sabre, et dont les ressorts, tendus outre mesure, comprimaient les plaintes les plus légitimes à l'égal de l'esprit de sédition. Quant aux miracles enfantés par le génie de l'empereur et aux bienfaits réels de son administration, il se refusa à les reconnaître et à les louer, depuis la mort du duc d'Enghien.

On le voit, mon père était un homme en qui le sentiment dominait jusqu'à l'intelligence, et cette disposition qui fut, de sa part, la cause de beaucoup d'erreurs et de quelques travers, donna aussi naissance à des qualités admirables. Parmi ces dernières, je dois en signaler deux, qui ont plus particulièrement distingué son caractère moral : la première, était une facilité incroyable à céder aux convenances, aux fantaisies et même, dans les choses indifférentes, aux idées et aux opinions d'autrui ; elle allait, en lui, jusqu'à l'abnégation la moins conciliable avec la supériorité de ses lumières, et l'assujettissait, docile et désarmé, aux exigences les plus capricieuses des personnes qu'il affectionnait ; de sorte que cette immolation de sa volonté à des volontés étrangères, était bien le sacrifice d'un cœur débonnaire qui se résigne, et non celui d'une raison vaincue qui se soumet.

La seconde qualité était une ardente sympathie pour les souffrances, même les plus éloignées de sa personne. Elle se manifestait chez lui en toute occasion, mais avec des traits plus frappans encore, chaque fois qu'il éprouvait une impression de plaisir. Par exemple, assis à son foyer, entendait-il un vent impétueux et glacé gronder autour de sa demeure, à la sensation agréable que lui procurait, alors, l'action bienfaisante du feu, s'unissait, instantanément, un pénible retour vers les malheureux privés d'un semblable avantage. Ce mouvement de pitié n'était ni superficiel, ni fortuit ; inévitablement ramené par les mêmes causes, il se produisait, au-dehors, avec des signes infaillibles de sincérité et d'énergie ; un cri douloureux, l'émotion de ses traits, accusaient un attendrissement profond, et un long recueillement mélancolique suivait toujours ce premier élan de sensibilité.

Il n'est pas rare qu'une imagination vive soit éprise d'admiration pour la charité chrétienne. C'est une chose si belle en soi et si éminemment poétique que ce lien de fraternité entre les hommes, le dévouement au malheur ! Mais cette admiration est trop souvent, chez plusieurs, un simulacre de sentiment, une pitié artificielle, un foi morte. Chez mon père, c'était un sentiment vivace, parce qu'il était inhérent à sa nature aimante, un sentiment intime et énergique, parce qu'il avait son siége au fond du cœur. Il aurait voulu pouvoir soulager toutes les misères. Satisfait, pour lui-même, de sa modeste fortune, il n'enviait à l'opulence que le privilége de faire des heureux, et, dans la mesure de ses ressources, sa main libérale était toujours ouverte à l'indigence. Mais ce n'est pas tout : quiconque souffrait, obtenait de sa sympathie des sacrifices bien autrement précieux, car il était prêt à lui consacrer, sans réserve, et à déployer en sa faveur, une activité, une persistance, qu'il n'eut jamais dans son intérêt propre. Vainement ses instincts le portaient irrésistiblement au repos, vainement sa volonté était-elle énervée par de vieilles habitudes d'oisiveté, sa généreuse passion d'obliger était supérieure à ces obstacles, et alors, sa main, d'ordinaire si paresseuse, travaillait jusqu'à l'épuisement, et son esprit, si facile à décourager, s'arrêtait à peine devant l'impossibilité évidente de réussir. « Heureux, s'é- » criait-il, de pouvoir expier, par ce peu de bien, » les égaremens de ma jeunesse, ceux où m'ont » entraîné la folle ardeur de mon tempérament, » le poison philosophique du xviiie siècle et la » contagion des exemples les plus pernicieux! » Cette pensée d'expiation pour des torts, quelquefois imaginaires, et toujours grossis par la sévérité excessive de sa conscience, a été l'idée fixe de ses dernières années. Aussi répétait-il souvent : « Dieu est amour, et lui-même a dit : *Il sera beau-* » *coup pardonné à qui aura beaucoup aimé.* »

Puis, il ajoutait : « A ce compte, il doit m'être
» beaucoup pardonné ! »

Et il disait vrai, car peu d'hommes ont été
plus dignes d'indulgence à force d'aimer.

Appliqué à la généralité de ses semblables, ce
sentiment était en lui une douce bienveillance ;

Aux malheureux, une chaleureuse compas-
sion;

A ses amis et à ses proches, un tendre intérêt,
une fidélité à toute épreuve, un dévouement sans
limites;

A ceux, enfin, que des liens plus étroits unissaient à sa personne, c'était l'oubli entier, absolu
de lui-même. Vœux, espérances, rêves ambi-
tieux, désirs de considération et de bien-être,
toutes ces émotions, tous ces besoins que l'on
éprouve, en général, pour soi, il les ressentait,
sans partage, pour ces objets privilégiés de son
affection. Jamais père n'a identifié, à un plus
haut degré, son existence avec celle des êtres
chers à son cœur; nul autre n'a porté plus loin
le fanatisme de l'amour paternel.

C'est dans ces pieuses dispositions, dans ces
simples et touchantes habitudes, que sa vie s'est
écoulée à son déclin. L'ivresse des passions dissi-
pée, leur ardeur éteinte, l'avaient rendu à la
pureté native de ses instincts, et si les combats
qu'il avait livrés, pour dégager son âme de tout

alliage*profane , n'avaient pas été complètement victorieux, si ce rayon d'intelligence et d'amour qui brillait en elle était encore voilé, quelquefois, par de légères vapeurs, sa vieillesse heureuse et facile et sa fin paisible, imprévue, sans souffrances, ne témoignent-elles !pas que devant le juge suprême la mesure du bien a dépassé la mesure du mal?

APPENDICE.

FRAGMENS

EXTRAITS

DES ŒUVRES DE F. LARNAC.

TRAGÉDIE DE THÉMISTOCLE.

Premier Fragment extrait de l'Exposition.

(DU PREMIER TEXTE EN CINQ ACTES.)

ASPASIE.

Tu connais des Persans l'humiliante histoire,
Et l'immense appareil d'armes et de soldats
Dont Xercès, votre roi, dépouilla ses états,
Lorsque pour assouvir sa fureur vengeresse,
Tout entier au dessein de subjuguer la Grèce,
Par sa flotte innombrable, étonnant l'univers,
Du poids de ses vaisseaux, il fatigua les mers !

PALMIS.

Oui, mais dévoilez-moi la secrète origine
Des triomphes d'Athène et de notre ruine.
Quelle main prépara ces grands événemens,
De la valeur des Grecs éternels monumens?

ASPASIE.

Au bruit que sur nos bords sema la renommée,
Au spectacle effrayant de l'Europe alarmée,

Les fiers Athéniens, trahis, abandonnés,
Par la terreur commune à leur tour entraînés,
N'opposant au-dehors aucune résistance,
Mirent dans nos remparts leur unique espérance ;
Thémistocle, lui seul, jaloux de leur grandeur :
« Bannissez, leur dit-il, une indigne frayeur,
» Amis ; que la vertu règne encor dans vos âmes.
» Eloignons de ces bords nos enfans et nos femmes ;
» Dans ses murs, protégés par la faveur des dieux,
» Trézène recevra ces gages précieux.
» Nous, guerriers, invoquons l'arbitre des batailles,
» Confions à Pallas le sort de ses murailles,
» Et, sans nous arrêter à des soins impuissans,
» Allons tous, sur les mers, au devant des Persans.
» Mais appelons l'adresse au secours du courage ;
» Disposons nos vaisseaux dans cet étroit passage
» Où l'on voit Salamine, au milieu des rochers,
» Présenter un abri favorable aux nochers.
» Là, calmant de nos cœurs la noble impatience,
» Attendons que Xercès, ivre de sa puissance,
» Par un avis trompeur dans le piége poussé,
» De ses nombreux vaisseaux lui-même embarrassé,
» N'écoutant contre nous que son aveugle rage,
» D'un combat plus égal nous offre l'avantage ;
» Et, pour mieux assurer l'honneur de nos succès,
» Rappelons tous les chefs bannis par nos décrets.
» Surtout, à ma prière accordez Aristide.
» Je ne prendrai jamais la vengeance pour guide ;
» Vous savez quelle haine éclata parmi nous :
» Mais au salut des Grecs j'immole mon courroux. »
A ces mots, qui des chefs enflammaient le courage,
Le peuple et les soldats embrassant le rivage,

Et réclamant l'appui de nos Dieux protecteurs :
Qu'importe, disaient-ils, l'espoir d'être vainqueurs,
S'il faut abandonner la cendre de nos pères,
Nos femmes, nos enfans et nos Dieux tutélaires ?
Thémistocle, alarmé de ces premiers transports,
Qui de nos ennemis secondaient les efforts ;
Au secours de la Grèce appelant les miracles,
Interrogea le ciel, fit parler les oracles ;
Et, subjuguant l'esprit des crédules soldats,
Etablit dans le port l'appareil des combats.
Bientôt, cédant au vœu de ce chef intrépide,
Vierges, femmes, enfans, assemblage timide,
Nous montons sur les mers, et nos heureux vaisseaux,
Entraînés par la voile et la rame et les eaux,
Dérobant à nos yeux les rivages d'Athène,
Nous découvraient déjà les remparts de Trézène.
Un nuage, soudain, répandu sur les flots,
Dans une épaisse nuit plonge les matelots ;
La mer s'enfle, l'air siffle et la foudre qui gronde,
D'un déluge de feux couvre le sein de l'onde.
Tout à coup, mon vaisseau, de la flotte écarté,
Vers d'énormes écueils, par l'orage emporté,
Se brise........ tout périt, et dans l'immense abîme
Le trépas m'attendait pour dernière victime ;
Lorsqu'un vaisseau persan, égaré sur ces mers,
A la triste lueur des rapides éclairs,
Seul, bravant les efforts de la vague écumante,
A la fureur des flots me déroba mourante,
Et, conduite en ces lieux de revers en revers,
Par l'ordre de la reine, on me donna des fers.

———

Deuxième Fragment. — Scène II du 2ᵉ acte.

(DEUXIÈME TEXTE EN TROIS ACTES.)

THÉMISTOCLE , XERCÈS.

XERCÈS.

Cher et nouvel appui de ma grandeur suprême ,
Généreux Thémistocle , il est temps que mon cœur
Satisfasse au devoir que m'impose l'honneur.
C'est peu de t'accorder l'amitié la plus tendre :
Je te donne les murs que baigne le Méandre ,
Lampsaque , Magnésie et Myonte', et les bords
Dont ces riches cités recueillent les trésors.
Prends aujourd'hui sur eux une entière puissance ;
Mais porte bien plus loin ta juste confiance ,
Et sans considérer les dons que je te fais ,
Mesure à tes vertus l'espoir de mes bienfaits.

THÉMISTOCLE.

Modérez les bontés dont votre cœur m'honore ;
Faut-il par ce discours m'humilier encore ?
Ne jouissez-vous pas d'un triomphe assez doux ,
Seigneur? Quels sont mes droits et qu'ai-je fait pour vous ?

XERCÈS.

Tes droits ! N'est-ce donc rien de m'épargner un crime ?
D'avoir jugé Xercès digne de ton estime?
De me faire sentir le prix de la vertu?
De me rendre en toi seul tout ce que j'ai perdu ?

THÉMISTOCLE.

Avez-vous oublié ma haine et mes outrages ?
Pouvez-vous écarter les funestes images......

XERCÈS.

L'honneur de protéger l'auteur de mes revers,
Efface tous les maux que Xercès a soufferts.
Un aveugle ascendant préside à la victoire,
Mais je ne dois qu'à moi cette nouvelle gloire.

THÉMISTOCLE.

O ! d'un prince ennemi sentiment vertueux !
Exemple des héros ! monarque généreux !
Combien ce noble amour , que l'honneur vous inspire ,
Doit entraîner les cœurs soumis à votre empire !

XERCÈS

Conduis-moi , Thémistocle , et ne m'égare pas.
C'est à toi de m'apprendre à régir des états.
A travers les flatteurs , dont l'essaim m'environne ,
Porte la vérité jusqu'aux marches du trône.
Ne crains pas d'emprunter son visage et sa voix ;
Xercès ne rougit point d'obéir à ses lois.

THÉMISTOCLE.

Eh ! qui voudrait corrompre un cœur si magnanime !

XERCÈS.

Va , ce cœur rend justice au zèle qui t'anime.
Je te l'ai déjà dit : par d'immortels exploits ,
Je veux justifier le nom de roi des rois.
Je t'ai vu confier tes jours à ma clémence ,
Je confie à ton bras ma gloire et ma puissance.
Viens devant nos héros, jaloux de tes lauriers ,
Recevoir de mes mains le sceptre des guerriers.
Prends sur tous mes soldats un empire suprême ,
Dispose , ordonne , agis , comme Xercès lui-même.

THÉMISTOCLE.

J'accepte, avec transport, cet emploi glorieux,
Et, sûr de vos vertus, je rends grâces aux Dieux.
Puissent ces mêmes Dieux, moteurs des destinées,
Embellir par mon bras le cours de vos années !
Mais, si de mon bonheur ils se montrent jaloux,
Qu'ils épuisent sur moi les traits de leur courroux.
Périsse Thémistocle au sein de la victoire,
Et puissent vos soldats, honorant ma mémoire,
Apporter en triomphe, aux genoux de Xercès,
Les signes éclatans de mes derniers succès !

XERCÈS.

Vas donc : sers d'instrument à ma haine, à ma rage ;
Combats, frappe, détruis, livre tout au pillage ;
Porte au sein de la Grèce et la flamme et le fer ;
Déchaîne, si tu peux, les fléaux de l'enfer ;
Extermine Corinthe, Argos, Thèbes, Mycènes,
Rhodes, Lacédémone et l'orgeuilleuse Athènes !

THÉMISTOCLE.

Ciel ! qu'entends-je ?

XERCÈS.

D'où naît ce mouvement soudain ?

THÉMISTOCLE.

Qu'est devenu, seigneur, votre premier dessein ?
Assurez aux Persans leurs superbes conquêtes,
Memphis offre à mon bras des palmes toutes prêtes ;
Ne m'avez vous pas dit que vous comptiez sur moi ?

XERCÈS.

Le Nil a reconnu le sceptre de son roi.

Mitrane, qui revient de ces mêmes rivages ,
Du peuple de Memphis m'apporte les hommages.
Je vais contre les Grecs réunir mes soldats ;
Les Grecs , depuis longtemps , menacent mes états ,
Et de mes généraux la prudence alarmée
A réclamé souvent l'appui d'une autre armée.

THÉMISTOCLE.

Seigneur, ces mêmes Grecs vous demandent la paix.
Croyez-moi, rendez-vous à leurs nobles souhaits :
Acceptez-la.

XERCÈS.

Moi !

THÉMISTOCLE.

Vous.

XERCÈS.

Non , ma haine l'emporte.

THÉMISTOCLE.

Voulez-vous exposer votre empire ?...

XERCÈS.

Il n'importe :

THÉMISTOCLE.

Songez que les Persans murmurent contre vous.

XERCÈS.

Les mutins sentiront l'effet de mon couroux.

THÉMISTOCLE.

En cédant aux désirs de la Perse et d'Athènes ,
A tous vos ennemis vous préparez des chaînes ,

XERCÈS.

Si je ne vois les Grecs vaincus, chargés de fers,
Peu m'importe l'honneur de dompter l'univers.

THÉMISTOCLE.

Mais...

XERCÈS.

De ce grand dessein rien ne peut me distraire,
Et qui l'ose combattre excite ma colère.

THÉMISTOCLE.

Choisissez donc, seigneur, un autre chef que moi ;
Je vous rends aujourd'hui tous vos dons...

XERCÈS.

Et pourquoi ?

THÉMISTOCLE.

Voulez-vous que mon bras trahisse ma patrie ?
Que j'attaque les murs où j'ai reçu la vie ?

XERCÈS.

De quel absurde effroi ton cœur est-il saisi ?
Laisse-là de vains noms : ta patrie est ici.
C'est ici que Xercès t'a sauvé du naufrage.
La Perse te défend et la Grèce t'outrage.

THÉMISTOCLE.

Quoique vous puissiez dire, Athène est mon berceau ;
Je l'aimerai, seigneur, jusqu'au bord du tombeau ;
Cet instinct qui m'attache aux lieux de ma naissance,
Parle plus hautement que la reconnaissance.

XERCÈS.

Faut-il voir mes bienfaits si lâchement trahis !

Que peux tu donc aimer dans ton ingrat pays?
Réponds-moi.

THÉMISTOCLE.

Tout, seigneur : la cendre de mes pères,
Les attributs sacrés de nos Dieux tutélaires,
L'éclat que sur son nom répandent mes exploits,
Le prix de mes travaux, l'honneur que j'en reçois,
Les héros dont la main gagna tant de batailles,
Ses hardis monumens, ses superbes murailles,
Le spectacle des mers qui baignent ses remparts,
Ses vaisseaux triomphans, son commerce, ses arts,
Son langage, ses lois, son culte, ses usages,
Son climat..... ses rochers et leurs antres sauvages !

XERCÈS.

Ingrat! et dans ma cour, ici-même, à mes yeux,
Tu peux faire éclater ce zèle injurieux!

THÉMISTOCLE.

Je suis, seigneur....

XERCÈS.

Tu n'es qu'un perfide, qu'un traître,
De tous mes ennemis le plus cruel peut-être,
Et j'ai cru vainement au gré de mes souhaits.....

THÉMISTOCLE.

Ah! ma reconnaissance égale vos bienfaits!
Rien n'en peut affaiblir le sentiment extrême,
J'en atteste à vos pieds ma patrie elle-même,
Toujours à vos souhaits mon cœur sera soumis.
Nommez-moi seulement vos autres ennemis ;
Quels que soient les dangers où m'expose mon zèle,
Ma vie est votre bien : parlez, disposez d'elle ;

Disposez de ces jours à vous seul réservés ,
De ces jours que par vous le ciel a conservés.
Mais si contre les Grecs votre aveugle vengeance
Sur mes ressentimens fonde quelque espérance ,
Vous vous trompez, seigneur : je ne peux vous servir ;
Et pour ces mêmes Grecs je suis prêt à périr.

XERCÈS.

Ah ! c'est trop écouter un aveu qui m'outrage.
Xercès avec les Grecs ne veut point de partage.
Il est temps que ton cœur détermine mes droits.
Choisis sans différer.

THÉMISTOCLE.

Vous connaissez mon choix.

XERCÈS.

Crains mes ressentimens.

THÉMISTOCLE.

Je crains l'ignominie.

XERCÈS.

Malheureux ! sais-tu bien qu'il y va de ta vie ?

THÉMISTOCLE.

Je le sais.

XERCÈS.

Obéis.

THÉMISTOCLE.

J'obéis à mon cœur.

XERCÈS.

Tu dois m'immoler tout.

THÉMISTOCLE.

Mais non pas mon honneur !

XERCÈS.

Consulte la raison.

THÉMISTOCLE.

Consultez-la vous-même.

XERCÈS.

La Grèce te déteste.

THÉMISTOCLE.

Et moi, seigneur, je l'aime.

XERCÈS.

Est-ce lui qui me parle, et suis-je encor Xercès ?
Quels outrages, grands Dieux, après tant de bienfaits !
Voilà de quel retour ma clémence est suivie,
Ame ingrate et parjure !

THÉMISLOCLE.

Athène est ma patrie !

XERCÈS.

Pour un moment encor, je contiens ma fureur.
Je te laisse y penser.

THÉMISTOCLE.

N'attendez rien , seigneur.

L'INSOUCIANT.

(INÉDIT.)

SCÈNE PREMIÈRE.

PASQUIN (*seul devant une table sur laquelle sont divers papiers*).

Mon maître encore au lit ! parbleu, lorsque j'y pense,
Il est original dans son insouciance :
Tandis que Monsieur dort, en dépit des huissiers,
Il faut amadouer ses maudits créanciers.
Grâce à l'activité, qui me rend nécessaire,
Je suis coureur, laquais, intendant, secrétaire :
Il me faut, à moi seul, gouverner tout son train ;
Répondre aux billets doux, qu'il reçoit le matin,
Entretenir la paix au moins avec dix belles,
Dont je dois avec art prévenir les querelles.
Je lui pardonnerais de n'être pas jaloux,
D'oublier quelquefois l'instant du rendez-vous,
De se livrer gaîment à son humeur volage,
De fuir, dans ses amours, la gêne et l'esclavage ;
Mais emprunter ma main pour écrire un poulet !
Voilà ce qui s'appelle un chevalier discret.
Heureusement encor, dans cette conjoncture,
Personne ne connaît ici notre écriture.
Du moins, de temps en temps, il dictait autrefois ;
Depuis que nos beautés se disputent son choix,
Cette occupation fatigue sa paresse,
Et je me vois chargé d'exprimer sa tendresse.
Je redoute pour lui quelque fâcheux éclat.
Sa conduite ressemble au manége d'un fat....

Pour fat, il ne l'est point, mais son insouciance
N'attache aux procédés aucune conséquence.
Cependant, relisons ce billet plein d'ardeur.
Puisque mon ministère est un titre d'honneur,
Il faut montrer ici mes talens et mon zèle,
Et je ne peux trouver occasion plus belle.
Allons, signalons-nous! (*Il écrit*) Eh! pas mal commencé!
(*Il écrit encore.*)
Qu'est-ce à dire? Comment? Je me suis surpassé!
Ma foi, Monsieur Pasquin, vous êtes bien aimable!
Ah! Monsieur!.. non vraiment, je vous trouve impayable.
Je ne ments pas, du moins, car, au bas du poulet,
Je signe en qualité de très-humble valet.
Lolive!...

LOLIVE.

Hé bien.

PASQUIN.

Portez cette lettre qui presse.

LOLIVE.

A qui donc, s'il vous plait?

PASQUIN.

Lisez, à son adresse.

SCÈNE II.

DAMIS, PASQUIN.

PASQUIN.

Ah! Monsieur, vous voilà : je vous fais compliment.
Vous avez bien dormi?

DAMIS.

Délicieusement.
Je n'éprouvai jamais un repos si facile ,
Des songes plus riants , un réveil plus tranquille.
Aussi je tiens encor de cet enchantement :
C'est un calme flatteur , un abandon charmant ;
Au gré de mes désirs l'univers se dispose ,
Et je vois les objets peints en couleur de rose.

PASQUIN.

Vous êtes fort heureux. Quant à moi, j'ai rêvé
Que pour vous marier votre oncle est arrivé ;
Que , ne pouvant souffrir votre genre de vie ,
Il vous déshéritait en faveur d'Emilie ;
Que votre mariage avait été rompu ,
Et, le dirai-je , enfin? qu'après avoir vendu
Maisons , terres , contrats , meubles , chevaux , carrosses ,
Vous alliez en prison passer la nuit des noces.

DAMIS.

Finiras-tu bientôt ce rêve impertinent?

PASQUIN.

Je dois vous obéir ; cependant.....

DAMIS.

Cependant.....
Hé ! bien, voyons un peu ; qu'est-ce qui te chagrine ?

PASQUIN.

Dans les plus grands revers, c'est votre humeur badine.

DAMIS.

Qu'appelles-tu , revers? J'ai de l'excellent vin ,

Un équipage leste, un cuisinier divin ;
Je reçois, à ma table, une troupe choisie...

PASQUIN.

Oui, mais on vous menace encor d'une saisie.
Messieurs vos créanciers.....

DAMIS.

Oh ! tout s'apaisera.
Mon oncle..... n'est pas jeune.

PASQUIN.

Oui, votre oncle mourra
Tout exprès ; mais avant, que prétendez-vous faire ?

DAMIS.

Ce que je fais encore, et surtout bonne chère.

PASQUIN.

Sans aucun revenu ?

DAMIS.

Tu n'y songe donc pas ?
J'ai des terres, des bois, des châteaux, des contrats.

PASQUIN.

Oui, vraiment ! chaque jour vos bois se dégarnissent,
Vos champs sont abîmés et vos prés s'appauvrissent ;
Pour comble de malheur, le parc et le jardin
Dérobent, pour le moins, mille arpens de terrain.

DAMIS.

Je ne veux rien changer à ces derniers ouvrages.
J'aime les eaux, les fleurs, les gazons, les ombrages ;
La nature les donne, et ses soins les plus doux
Vont à justifier mes penchans et mes goûts.

Si j'en croyais des gens sans esprit et sans grâce,
Je sèmerais du blé jusques sur mes terrasses !
Ils ne comptent pour rien le talent de jouir.
Toujours l'utilité ; sans cesse, l'avenir !
Quant à moi, le présent borne mon existence,
Et j'attends l'avenir avec pleine assurance.

PASQUIN.

Mais l'avenir, Monsieur, deviendra le présent.

DAMIS.

Fort bien ! qui te l'a dit ? Peut-être avant l'instant,
Cet instant si fatal que tu préviens sans cesse,
J'aurai fini des jours filés par la mollesse.
Et d'ailleurs, si le temps amène les regrets,
Le temps amène aussi les plus heureux succès.
Ainsi, loin qu'à mes yeux l'avenir en impose,
Sur ce même avenir mon âme se repose.
Je me livre gaîment aux arrêts du destin.

PASQUIN.

Oui, vous avez raison, très-bien vu ; mais enfin,
Vos créanciers n'ont pas cette philosophie ;
Vous devez craindre, au moins, de déplaire à Julie ;
Elle est pour nous, Monsieur, dans un fort mauvais pas.
Et parbleu, vous l'aimez ou vous ne l'aimez pas.

DAMIS.

Je l'aime..... assurément ; mais, avant que j'épouse,
Je voudrais la guérir de son humeur jalouse.
Elle a beaucoup d'esprit, mais d'énormes défauts :
Elle est trop pétulante, elle fuit le repos,
Elle fronde mes goûts avec trop d'amertume,
Et pour dire qu'elle aime elle écrit un volume !

PASQUIN.

Comment, déjà l'hymen vous fait parler ainsi ?
Pour la première fois auriez-vous du souci ?

DAMIS.

Non, je pense de même, et je suis sans alarmes.
Ainsi que ses ennuis, l'hyménée a ses charmes.
Mon oncle absolument prétend me marier ;
Je n'ai point de raisons pour le contrarier.

PASQUIN.

Il vous faut donc tenir vos affaires secrètes,
Car, nous sommes perdus de procès et de dettes.

DAMIS.

Je dois,...... mes débiteurs sont dans le même cas.

PASQUIN.

Oui, mais l'on vous assigne, et vous n'assignez pas.

Scène III.

LES PRÉCÉDENS , MATHURIN.

PASQUIN.

Hé! bonjour, Mathurin.

MATHURIN , *d'un ton brusque.*

Bon jour.

PASQUIN.

Quelles nouvelles ?

MATHURIN.

Morgué ! cette fois-ci, j'en apportons de belles.

PASQUIN.

Tant mieux. Quand je le vois , je me ris des sergens ;
Il arrive toujours dans nos besoins urgens.
Tu viens nous secourir. Il faut que je t'embrasse !
Quel teint frais et vermeil !

MATHURIN,

Oui , j'avons bonne grâce.

DAMIS.

Que veux-tu ?

MATHURIN.

Je venons pour vous remercier.
J'abandonnons la ferme et quittons le métier.

DAMIS.

Et par quelle raison nous séparer si vite?

MATHURIN.

Par la raison , Monsieur , que je quittons le gîte.

DAMIS.

Mais le motif encor? N'es-tu pas fort heureux
Au château ?

MATHURIN.

Palsangué , je sommes bien chanceux !
J'avons à nous louer de mon nouveau ménage.
Les eaux......

DAMIS.

Et ! bien , les eaux....

MATHURIN.

Ont fait un beau ravage.

Les prés, les champs, le parc, les vignes, le jardin
Se trouvent quasiment aussi nus que ma main.

PASQUIN.

O ciel !

DAMIS.

Modère toi.

PASQUIN.

Comment ! cette disgrâce.....

DAMIS.

Hé ! bien, c'est un malheur ; que veux-tu que j'y fasse ?
(*A Mathurin.*)
Et voilà qui t'oblige à sortir de céans ?

MATHURIN.

Oui : pour réparer ça, je vous donnons dix ans.

DAMIS.

Mais j'aurai du vin.

MATHURIN.

Point.

DAMIS.

Point ! c'est épouvantable !
Un vin délicieux que l'on sert à ma table !

MATHURIN.

Si fait, tout justement votre provision.

DAMIS.

Bon ! tant mieux.

PASQUIN.

Beau sujet de consolation !

MATHURIN.

Les bois, ça fait pitié. Tous les voisins nous volent,
Et puis les braconneux sans cesse nous désolent ;
Ils bouleversent tout de la cave au grenier,
Se gaussent du chasseur et de vous le premier.

PASQUIN, *à Damis.*

Vous ne poursuivrez pas cette engeance maudite ?

DAMIS.

Moi, je tiens au repos.

PASQUIN.

Je vous en félicite.

DAMIS.

D'ailleurs, punir m'excède, et j'aime mieux, enfin,
Conserver des amis qu'un lièvre ou qu'un lapin.

MATHURIN.

Quant aux quartiers échus.....

DAMIS.

Quoi ?

MATHURIN.

Vous devez m'entendre:
Je venons vous prier de vouloir bien m'attendre.
Peut-être dans un mois.....

DAMIS.

Hé ! bien, quand tu voudras.

PASQUIN.

Quand tu voudras ! au moins, dites : Quand tu pourras.

TRADUCTION

DE

LA JÉRUSALEM DÉLIVRÉE

—

Je chante ce guerrier pieux et magnanime,
Qui par de longs travaux, dans les champs de Solyme,
Contre les Sarrazins signalant son grand cœur,
Délivra de leur joug le tombeau du Sauveur.
Vainement des démons la cruelle industrie
Souleva, pour le perdre, et l'Afrique et l'Asie;
Aidé de l'Eternel, sous les saints étendards,
Il réunit, enfin, ses compagnons épars.
O toi qui, sur ce mont illustré par la fable,
Ne te décores point d'un laurier périssable,
Mais, le front entouré de soleils radieux,
Présides aux concerts des habitans des cieux,
Muse, environne-moi de tes brillantes ailes;
Répands sur mes écrits tes clartés immortelles,
Et pardonne à mon art, si d'un lustre emprunté
J'embellis quelquefois l'austère vérité.
Tu sais que de tout temps l'heureuse poésie
Des volages mortels captiva le génie,
Et que par le secours de ses chants séducteurs,
La vertu peut dompter les plus rebelles cœurs.
Telle d'un peu de miel la douceur mensongère,
Déguise, au jeune enfant, les sucs d'une herbe amère;
Crédule, il boit la coupe avec avidité,

Et puise dans ses flancs la vie et la santé.
Toi, généreux Alphonse, âme tendre et sublime,
Qui répares les maux dont je fus la victime,
Et qui, me dérobant aux caprices du sort,
A travers mille écueils m'as conduits dans le port ;
Reçois, d'un front serein et d'un œil d'indulgence,
Ces vers que je consacre à la reconnaissance !
Peut-être un jour viendra que ma timide voix
Sur de plus nobles tons chantera tes exploits ;
Et, si jamais du Christ la nation fidèle
Peut goûter les douceurs d'une paix fraternelle,
Et tente de ravir aux cruels Sarrazins,
L'auguste monument arraché de nos mains,
Qui peut te disputer le sceptre de la guerre,
Et l'empire de l'onde, ou celui de la terre ?
Emule glorieux des princes dont tu sors,
Ecoute cependant mes sévères accords.

Déjà, cinq ans et plus, nos légions guerrières
Avaient dans l'Orient déployé leurs bannières :
Et Nicée, Antioche et Tortose, à la fois,
Respectaient dans nos fers l'étendard de la croix :
En vain, pour délivrer leurs superbes murailles,
La Perse avait tenté le destin des batailles ;
Vainqueurs de ses efforts, à l'abri des autans,
Les chrétiens attendaient le retour du printemps,
Et des mers en courroux grondait encor l'abîme,
Lorsque le Tout-Puissant, de son trône sublime,
Qui s'élève au-dessus de la voûte des airs
Autant que le soleil au-dessus des enfers,
Regarde, et, sur-le-champ, voit réunis ensemble
Tous les divers objets que le monde rassemble ;
Et de cet œil qui va jusqu'au fond de nos cœurs,

Epier le secret des humaines erreurs,
Il voit l'heureux Bouillon, dans l'ardeur d'un saint zèle,
N'aspirer qu'à l'honneur de venger sa querelle,
Et, plein de fermeté, de constance et de foi,
Travailler, sans relâche, au règne de sa loi.
Mais Baudouin lui découvre une âme intéressée,
Sans cesse, vers le siècle, égarant sa pensée.
Il voit Tancrède, épris d'un malheureux amour,
Détester en secret la lumière du jour;
Tandis que dans les murs d'Antioche conquise,
Oubliant des chrétiens la pieuse entreprise,
Boémond, tout entier au soin de sa grandeur,
Introduit cependant le culte du Sauveur,
Et sur la paix, les arts, les mœurs et la justice,
D'un état florissant élève l'édifice.

———

. . . .

De Rotrou cependant l'active surveillance
Fait déjà ressentir son heureuse influence ;
Moins de signes de mort impriment la terreur,
Le fléau se déchaîne avec moins de fureur,
Le mouvement renaît, et des places publiques ,
Bientôt la foule aveugle inonde les portiques.
On cherche les parens sous leur toit retenus ,
Ces frères, ces amis, trop longtemps méconnus ,
Et de l'oubli fatal dont gémit la nature,
Par mille embrassemens on répare l'injure.
Arrêtez, malheureux, modérez cette ardeur,
Craignez de réveiller le fléau destructeur ,
Et, que d'un souffle impur les noires influences
Ne fécondent en vous d'invisibles semences !
Arrêtez....... Vains discours ! inutiles efforts !
Rien ne peut contenir de semblables transports.
Que dis-je, au milieu d'eux, prosterné dans un temple ,
De la sécurité Rotrou donne l'exemple !

Déjà les sons de l'orgue et les hymnes pieux ,
Montaient avec l'encens vers la voûte des cieux ;
L'homme saint préparait l'auguste sacrifice,
On touchait au moment solennel et propice ;
Rotrou s'humiliait devant le rédempteur.......

Tout-à-coup , sur son front , ô surprise ! ô terreur !
Du fléau , qui dormait dans un calme perfide ,
S'imprime , en traits de feu , la colère homicide :
L'indomptable poison circule avec son sang ,
Une invisible main lui déchire le flanc ,
De ses poumons pressés sort une aride haleine ,
Sur ses genoux tremblans il se soutient à peine ,
Et , jusqu'au fond du cœur , atteint d'un froid mortel ,
Il veut sortir , et tombe aux marches de l'autel.
La foule , à cet aspect , frémissante , égarée ,
Déserte , à flots pressés , la demeure sacrée ;
En vain s'immola-t-il pour le salut de Dreux ,
Nul n'ose secourir ce mortel généreux ;
Tout fuit , tout disparaît..... Le pontife rustique
Se distingue , lui seul , dans la terreur publique ;
Lui seul , devant ce Dieu , qui mourut sur la croix ,
Instruit par son exemple et guidé par sa voix ,
Du venin corrupteur ose affronter la rage ;
Tant la religion enflamme le courage !

Rotrou levant sur lui , par un pénible effort ,
Ses yeux qu'enveloppait le sommeil de la mort :
« Des serviteurs du Christ , noble et touchant modèle ,
» Portez ailleurs , dit-il , vos soins et votre zèle ;
» Calmez dans ces remparts le tumulte et l'effroi ;
» Encor quelques momens , tout est fini pour moi.....
» J'espère , et cet espoir , un instant me ranime ,
» Que je meurs du fléau la dernière victime.
» Heureux , si dans la paix de l'éternel séjour ,
» Je puis encor pour Dreux signaler mon amour ! »
A ces mots , dans les bras de l'humble et digne prêtre ,
Il expire , en nommant les lieux qui l'ont vu naître.

O vous qui présidez au salut des états,
Princes, législateurs, ministres, potentats,
Des antiques vertus, si l'amour vous anime,
Consacrez à jamais ce dévoûment sublime.
Et vous, de ses talens nobles émulateurs,
Donnez à pleines mains des lauriers et des fleurs,
Et gravant ses leçons dans votre âme attendrie,
Comme lui, s'il le faut, mourez pour la patrie.

FRAGMENS DE PROSE

EXTRAITS

du Manuscrit de F. LARNAC,

INTITULÉ : DE MOI.

. . . .

J'ai parcouru le cercle de toutes les passions qui peuvent s'allier avec une âme honnête. Je n'ai jamais pu me guérir d'un excès que par un autre, et j'ai toujours vécu dans un état de fièvre ou dans un abattement voisin de la consternation. Ce que les autres hommes appellent amusement m'est inconnu. Le jeu m'ennuie quand je ne joue pas gros ; la promenade me devient fastidieuse au bout de quelques tours ; les conversations qui ne roulent pas sur les femmes, sur la poésie ou sur la morale, me mettent au supplice ; le spectacle même des beautés de la nature (et je rougis de l'avouer), ne me touche qu'imparfaitement. Mon cœur est trop fortement agité pour se prêter aux émotions douces qu'excitent les images riantes de la campagne. Je ne vois que l'objet de la passion qui me tyrannise, et le calme ravissant d'une âme qui se recueille à l'aspect des merveilles de l'univers est une jouissance dont je me souviens à peine. Aussi, ne me suis-je presque jamais exercé à décrire des scènes champêtres, et si je lis avec transport les ouvrages de St-Lambert, de l'abbé Delille et de leurs pareils, c'est, pour ainsi dire, au seul talent de l'auteur que mon plaisir se rapporte. Je suis entraîné de préférence vers la poésie dramatique, non seulement à cause de la supériorité du genre, mais encore à cause de la nature du sujet. Je me retrouve dans la violente énergie des caractères tragiques et dans l'exagération même que l'art du poète se propose. Mais ce qu'il y a de plus bizarre en moi, c'est l'alliance d'une paresse sans bornes avec une impatience qui va jusqu'à la frénésie. Il m'est arrivé souvent de me tourmenter, dans mon fauteuil, pendant des mois entiers, pour éviter la peine d'aller chercher au second étage de la maison, et quelquefois dans le cabinet voisin, un papier essentiel à mon repos. Il faut que l'objet de mes désirs se place sous ma main, et, pour l'ordinaire, c'est plutôt le hasard que le choix qui détermine mes occupations et mes études. Je dis, pour l'ordinaire, car, dans certains momens, l'impatience triomphe de la paresse, et alors, je travaille jusqu'à l'épuisement afin de retourner plus vîte à l'oisiveté. C'est surtout dans les affaires que je montre cette disposition d'esprit ; mais la vivacité de mes passions, en dirigeant toutes mes facultés intellectuelles vers un point unique, ne me permet pas de considérer un objet sous toutes les faces, et il m'arrive souvent, après des calculs et des combinaisons assez fines, d'échouer dans mes démarches par l'oubli d'une circonstance qui frapperait d'abord les esprits les plus grossiers. Pour comble de malheur, ma mémoire dissipe ces distractions et me fait apercevoir de mes erreurs quand il n'est plus temps d'y remédier. Alors, mon imagination s'allume ; je recule vers le passé ; je remonte à l'origine des choses ; le souvenir me les rend présentes ; je les vois, je les touche, je les manie ; il me semble que l'affaire n'est pas encore entamée ; je la reprends dès le commencement ; je m'agite, je discute mes intérêts, et je me consume en efforts inutiles. Enfin, quand je m'aperçois de mon illusion, je m'abandonne à des regrets d'autant plus amers que ma faute me semble plus humiliante, et, par une faiblesse incroyable, au risque même de m'avilir en donnant la mesure de mon inexpérience, je n'ai point de repos, que je n'aie développé, mille et mille fois, à tout ce qui m'environne, la cause et les effets de mon chagrin ; à-peu-près comme ces joueurs qui ne cessent de revenir sur un coup après avoir perdu la partie. Une autre source d'erreurs et de bévues, c'est une défiance de mes lumières qui va jusqu'à l'abnégation de moi-même et qui me porte à recueillir l'opinion de toutes les personnes qui passent pour avoir du sens et de l'expérience. On ne peut se figurer avec quelle respectueuse déférence je consulte souvent les hommes les plus médiocres, et combien le sentiment de mon infériorité dans les objets analogues à leur profession les élève et les agrandit à mes yeux! Le moindre praticien, l'agriculteur le plus vulgaire, le financier le moins habile, me paraissent des êtres importans, et, dans mon imbécile humilité, je suis prêt à m'agenouiller devant eux. J'ai beau me rappeler mille conseils extravagans et pernicieux; l'idée que j'ai de mon ignorance dans les affaires, et le souvenir des écarts de mon imagination m'entraînent et me forcent d'aller puiser de nouveau aux mêmes sources. Ce n'est pas, qu'en thèse générale, je me dissimule le peu d'intérêt et d'attention que les hommes apportent aux affaires d'autrui. Je pousse même ce sentiment jusqu'à la méfiance. Mais cette méfiance n'agit guères qu'en l'absence de l'objet. Mon esprit est dupe de mes sens, et malgré que j'en aie, je ne peux tenir contre la physionomie et le son de voix de la personne qui me parle. Quelquefois l'absurdité d'un conseil me frappe, mais s'il vient d'un ami, et si cet ami prend un ton affirmatif, il me subjugue infailliblement. Je m'imagine qu'on ne me parlerait pas d'une manière aussi décisive si l'on n'était pas sûr de ce qu'on me dit ; il me semble qu'il faudrait avoir perdu tout sentiment de pudeur pour s'exprimer aussi positivement sur des choses qu'on n'entendrait pas , et l'impertinent orgueil ou la froide et cruelle légèreté de celui qui me parle deviennent des autorités pour moi. Lorsqu'enfin je m'aperçois des funestes effets de ma crédulité , je passe d'abord à un excès de méfiance et de pyrrhonisme qui s'étend jusque sur les vérités les plus incontestables. Je ne sais plus ce qu'il faut croire ; je m'agite dans les ténèbres pour trouver un principe et une fin ; tout augmente mes perplexités , et , fatigué de l'inutilité de mes efforts , je me rejette dans une nonchalance qui devient la source de nouveaux malheurs. Voilà le cercle que je parcours sans cesse , mais l'incertitude est l'état le plus habituel de mon âme. Je n'ai jamais ou presque jamais éprouvé une conviction parfaite ; ma confiance même , pour ceux dont j'emprunte les lumières , n'est qu'une disposition à croire , mêlée de crainte et d'inquiétude , mais qui suffit pour me déterminer , faute d'une persuasion intime. Je ne peux dire combien d'objets cette incertitude embrasse , et à quel point je redoute le vague. Tout ce qui n'a pas une mesure ou une valeur précise me tourmente ; les à-peu-près font le supplice de ma vie. Il me faut des objet maniables , qu'on puisse soumettre au poids et à la balance ; je ne vois dans tout le reste qu'une source de peines et de disputes. Aussi , malgré la funeste influence de la révolution sur la fortune des capitalistes , et malgré la solidité des possessions territoriales , je ne peux m'empêcher de préférer le numéraire , comme ayant une valeur fixe et déterminée , qui repose l'esprit et satis-

fait tout à la fois le jugement et la paresse. Je dis la paresse, car elle entre pour beaucoup dans cette disposition.
La mienne est telle, que la seule idée de toutes les prépara-
tions que le blé doit subir pour arriver à la forme d'un
pain, corrompt tout le plaisir que je prends à considérer
la plus riche verdure. Mais (et c'est peut-être la seule opinion que j'aie adoptée sans réserve), rien n'a exercé un
ascendant plus funeste sur ma conduite, que la ferme persuasion que j'ai toujours eue d'être né malheureux. Il est
difficile de se figurer les écarts et les extravagances où m'a
jeté cette cruelle idée, en m'aveuglant sur les avantages de
ma situation et en me faisant regarder comme impossible le
moindre succès. Au délire de mes actions et à la fausseté
de mes mesures on eût dit que je conspirais exprès contre
ma fortune, pour le plaisir d'assurer le triomphe de mon
système. Enfin, je ne dois pas oublier, dans l'énumération
des singularités de mon esprit, la bizarre alliance d'une
imagination fougueuse avec l'intelligence la plus lente.
Voilà, certainement, un caractère peu commun, mais il
m'est facile de prouver que ce même caractère et la plupart
des traits dont il se compose, appartiennent uniquement
aux circonstances. Victime dans mon enfance d'une com-
plexion faible et de l'éducation la plus molle, etc.........
. . . .

. . . .
. . . . Je voulus essayer si je ne pourrais pas acquérir
les connaissances préliminaires de l'étude des lois, et je
me mis chez un procureur. Mais mon imagination ailleurs
égarée, et toujours féconde en tableaux voluptueux, me
livrait aux distractions les plus singulières et répandait un
dégoût mortel sur cet abominable grimoire que l'orgueil

poétique me rendait encore plus ennuyeux. Une autre
cause de ma répugnance pour ces occupations , c'était la
grossière dureté des jeunes clercs qui travaillaient avec
moi , et l'instinct malfaisant qui perçait dans leurs discours et leurs actions. Je voyais leurs traits s'animer et
leurs yeux pétiller de joie toutes les fois qu'il s'agissait
d'une saisie ou d'une expropriation forcée. Je croyais as-
sister à un conseil de fouines. Mais rien n'augmentait plus
mon aversion que leur familiarité avec les huissiers, les
records et les cavaliers de maréchaussée qui venaient dans
l'étude et que je regardais alors comme tout ce qu'il y avait
de plus abject dans la société. La pureté de mon imagination encore vierge sur toutes ces matières me fesait envisager comme une souillure l'accointance de pareilles gens ,
et les images d'ignominie qu'ils me présentaient auraient
seules suffi pour me dégoûter du barreau. D'un autre
côté , la ridicule emphase de la plupart des avocats , leurs
froides hyperboles et leurs verbeuses déclamations me ré-
voltaient singulièrement. Ce n'est pas que je ne sois porté
moi-même à l'exagération , mais cette exagération existe
plus dans le fond des choses que dans la forme. Il n'y a
point de disparates entre mon style et le sentiment que
j'éprouve, et si mes expressions sont violentes , c'est que
je suis violemment affecté. Enfin , le caractère des mouve-
mens naturels de mon âme perce , et je ne cesse pas d'être
naturel pour devenir énergique. C'est du moins le témoi-
gnage que beaucoup de personnes m'ont rendu. Je ne veux
parler ici que de l'enflure de ces avocats qui mâchent à
vide et qui suent à froid. Véritablement, il n'est point de
règle sans exception , mais alors je n'en admettais aucune.
Je croyais que c'étaient des défauts inhérens à la robe , et
qu'on ne pouvait être avocat impunément. Il aurait fallu

me guérir de cette prévention en plaçant sous mes yeux les ouvrages de ceux qui se sont distingués par une éloquence simple et noble; mais surtout, j'aurais eu besoin d'un guide sage et aimable qui m'eût fait envisager l'étude des lois sous un aspect philosophique. Peut-être qu'alors j'aurais pu triompher de mes dégoûts et des obstacles que les écarts de mon imagination apportaient à mes progrès. Je dis peut-être, et jamais le doute ne fut mieux placé qu'ici, car indépendamment de la répugnance qui naissait de mes sentimens naturels, rien au monde n'était plus difficile que de changer la direction de mes idées. Quoiqu'il en soit, malgré tous mes efforts, je ne pus m'accoutumer à ce genre de travail, et, au bout de quatre mois, je sortis de chez mon procureur avec autant de plaisir que Gil Blas s'échappa de sa fameuse caverne, mais bien plus ignorant que lui dans les mystères de la confrérie.

FIN.